Poesia Original

DEVE SER UM BURACO NO TETO

# deve ser um buraco no teto

CAMILA PAIXÃO

*Poemas*

1ª edição, São Paulo, 2022

LARANJA ● ORIGINAL

*Para minha mãe e minha avó, as mulheres mais fortes que eu conheço e que me ensinaram a enxergar o encanto (ou o "espanto") da vida.*

*Para Daniel, "o poema mais bonito que eu já li".*

# agradecimentos

São tantos nomes e tantas pessoas a quem quero agradecer.

À toda equipe da Laranja Original, muito obrigada pelo acolhimento, carinho e trabalho impecável com o meu livro, pela generosidade e a oportunidade de estar aqui, publicando meu primeiro livro de poesia. Nada disso seria possível sem a chance que vocês deram à minha obra – obrigada por acreditarem nas minhas palavras, na literatura e na poesia.

Ao meu editor, Filipe Eduardo Moreau, pelas palavras de incentivo, por acreditar no meu potencial e me permitir ser a autora que almejo ser. Obrigada por nossas trocas e pela oportunidade de figurar entre autoras e autores que tanto admiro e que agora são também meus colegas de publicação pela Laranja Original.

À Carol Sanches, colega de CLIPE-2018, amiga que a escrita me apresentou, pela generosidade em sua leitura sensível da primeira versão do livro, em meados de 2020 – nossas conversas e trocas foram fundamentais para que o livro tomasse esta forma e se tornasse *deve ser um buraco no teto*. Se hoje estou realizando o sonho de publicar este livro é também graças a você. Não tenho palavras para te agradecer pelo seu tempo, sua atenção e sua dedicação às leituras e por generosamente aceitar escrever o texto de apresentação – muito, muito obrigada, minha querida.

À Thais Rocha, amiga querida e companheira de escrita, pela revisão ortográfica do livro, por lapidar meus poemas e minhas palavras e pelo incentivo constante para que eu continuasse a escrever – muito obrigada pelo seu olhar atento e por trabalhar com tanto carinho no meu livro.

Ao Batata Sem Umbigo, pelo brilhante trabalho com as ilustrações – muito obrigada pela atenção a cada detalhe para que as minhas ideias tão bagunçadas se tornassem essas três ilustrações que abrilhantaram o livro e traduziram meus poemas em desenhos como jamais poderia imaginar.

Às queridas amigas do Intersecções Literárias, Amanda, Ana, Giovanna, Tatiane e Thais – minhas companheiras de escrita. Obrigada por serem o espaço seguro para falarmos de escrita, pelo apoio incondicional e pelas celebrações de nossas vitórias – obrigada por tanto amor. Devo isso a vocês também.

À Aninha, minha irmã, companheira de escrita desde a adolescência, parceira de vida – obrigada por tudo ao longo desses 30 anos e por nunca me deixar esquecer de que sou uma escritora. Obrigada pela leitura de *deve ser um buraco no teto*, pela sua força em cada etapa e por dividir este momento comigo.

À Gabi, amiga querida, muito obrigada pela sua amizade nesses 15 anos, por sempre se empolgar com os meus projetos de escrita e por perguntar do meu livro desde o instante em que você ficou sabendo da publicação. Obrigada por sempre comemorar e me lembrar das minhas conquistas e por compartilhar este momento comigo.

A todas as pessoas, amigas, amigos e familiares, que acompanham minha escrita de alguma forma – muito obrigada. Obrigada por acreditarem em mim. Um agradecimento especial aos queridos da "McArmy" – Bru, Gabs, Ni, Ray e Tati (incluam os meninos aqui também, rs!), pelo amor e carinho ao longo de todos esses anos, por celebrarem minhas conquistas junto comigo e por serem tão especiais. Eu amo cada um de vocês. E também aos queridos do grupo "The good place" – Aline, Amanda, Andressa, Cris, Maurício, Naty, Otávio, Renato e Thais (incluam os "agregados" aqui também, rs!) – nunca me esqueço do dia em que saí arrasada de uma aula de escrita criativa da faculdade, querendo desistir de escrever, e vocês gentilmente me incentivaram a continuar nessa jornada. Eu não estaria aqui sem o amor de todos vocês. Muito obrigada!

Aos professores e colegas do CLIPE-2018 da Casa das Rosas, pelos ensinamentos e pelas trocas que moldaram a minha escrita e que levarei comigo para sempre. Um agradecimento especial aos professores Paulo Ferraz, Dirceu Villa, Ana Estaregui e Francesca Cricelli pela inspiração e motivação em cada uma das aulas.

A todos os professores ao longo de minha formação escolar e acadêmica, pela inspiração durante aulas que muito influenciaram a minha escrita e também pelas palavras gentis a respeito dos meus textos. Um agradecimento especial ao meu amigo e eterno professor Leandro Rodrigues, por me mostrar que eu poderia continuar a escrever além das redações da escola, por me apresentar às Letras e sempre me incentivar a continuar escrevendo ao longo dos anos. Obrigada pela sua amizade e carinho constantes.

Aos meus pais, Deborah e Paulo, que sempre incentivaram minha escrita – obrigada pelos cadernos com as minhas histórias em desenho, pelos milhares de diários ao longo da infância e adolescência, pela paciência ao me ouvirem contar uma história ou lerem algo que escrevi. Muito obrigada por apoiarem cada passo dado em direção à minha formação, pelo incentivo a sempre estudar, pela celebração a cada conquista. Se hoje estou aqui, é graças ao amor de vocês.

Ao meu irmão, Caio, pelo amor ao longo da nossa vida, por ser o meu melhor amigo e por sempre comemorar as minhas vitórias, sejam elas grandes ou pequenas.

À minha avó, Nádia, por guardar até hoje o primeiro livrinho ilustrado que eu fiz, por pacientemente ouvir minhas histórias a partir desses desenhos e por sempre comemorar cada conquista minha como se fosse sua. Muito obrigada por tanto amor, vó.

Ao Daniel, meu amor – obrigada por ler todas as versões deste livro, por me ouvir falar dele por horas e horas, por me acolher nos momentos de crise, por me acompanhar em várias aulas do CLIPE, por sempre me incentivar a escrever e a não desistir dos meus projetos, sonhos e de mim mesma. Não há palavras para o quão grata eu sou por tê-lo em minha vida. Obrigada por ser tudo para mim – por juntos escrevermos a melhor história que eu sequer poderia sonhar em escrever ao lado dos nossos "filhotes", Lolô e Luke. Te amo por tudo o que você é, por tudo o que sou ao seu lado e por tudo o que você me ajuda a enxergar em mim mesma. Este livro nasceu também graças ao seu amor e apoio constantes. Este livro é para você, meu amor.

E a você, leitora e leitor, que comprou este livro – muito, muito obrigada. Espero que estas poesias ressoem em vocês de alguma forma.

# sumário

*Parte 1*
Prelúdio  15

—

*Parte 2*
Morada  29

—

*Parte 3*
Querido diário  49

*Poderia ser eu mesma – mas sem o espanto,
e isso significaria
alguém totalmente diferente.*

"Entre muitos", Wislawa Szymborska
(Trad. de Regina Przybycien)

*Parte 1*

—

Prelúdio

# Prelúdio

Os passos
em falso
me levaram
por lugares
jamais esquecidos
– nem abandonados.

Quem arrancou as flores primeiro,
que atire a primeira pedra


O fio que nos conecta
pereceu: não há mais o caule.
Os galhos foram cortados
– só Deus sabe quando –
e a planta não mais floresceu.
As folhas caem secas e
se somam às raízes,
rastros inertes do tempo,
areia, cascalho, terra,
magma queimado de
vidas em pó: as cinzas nos
escapam pelos dedos.

**Ressaca**

A gente se perde
em lugares inusitados
e se encontra naqueles
que nunca mais poderemos visitar.

**Quase dez anos depois:**

O mais triste
foi perceber
que, uma vez aberta,
a ferida não mais
poderia se fechar
(ou ser estancada, ou contida,
e muito menos apagada).

Perda

Pelo menos,
as histórias que lemos
não se perdem nas páginas
arrancadas de nós
(ou nos livros que nunca mais
conseguiremos de volta).

**Perda (parte 2)**

A dor
é um lugar
que se habita.

# Mudança

É preciso
desacostumar
da posição da luz
quando o sol bate na janela
às 7 horas da manhã.
É preciso
desacostumar
da poeira do quarto refletida
nas escamas e peles mortas
dos anos ali vividos.
É preciso
desacostumar
das prateleiras quebradas,
das paredes descascadas,
dos ruídos desgastados.
É preciso
desacostumar
das lembranças que um dia
serão esquecidas.
É preciso
desacostumar
da poeira do hoje
que restará
na poesia do amanhã.

## Tradução

Difícil
traduzir
o silêncio
das paredes.

**Lacunas**


Caminho [     ]
    entre
    [as]
    linhas
tor
    [tas]
        tuosas
lembr [ar] anças
    caladas
     [ . . . ]
     pelo
    t e m p o
    [          ]
[as

        lacunas]
. . . .  . . . . . . .
p o n
    t [r] i l h a m
   o  vazio
[                    ]

**Cinzas**

Caixas se empilham
num canto da sala empoeirada.
O papelão velho respira
uma vida inteira registrada em
palavras, diários, dicionários,
vocabulário de uma criança,
adolescente, gente que não reconheço mais.
A poeira me incomoda,
os cadernos velhos me incomodam,
há pressa em tirá-los dali,
há pressa em guardá-los para sempre
na gaveta mais alta: lembranças
também são feitas de cinzas.

## Deve ser um buraco no teto

*(Quarentena – novembro de 2020)*

Talvez o espanto de Wislawa
já nos tenha escapado,
ou os nossos olhos,
espantados demais com o que enxergam,
não mais consigam ver.
Nove meses em casa
presa entre quatro paredes,
uma gravidez indesejada
gerada de vazios, rios, risos sombrios:
a luz no fim do túnel
me cega com sua imprevisibilidade,
deve ser um buraco no teto,
concreto furado de fora
para dentro: Wislawa é quem estava
certa, o espanto me escapa
e sou uma pessoa
completamente outra.

**Raízes**

Como uma árvore,
eu colho as frutas
que crescem dentro de mim.
Há frutas de todas as cores:
amarela, vermelha, verde,
você pode saboreá-las
mesmo que algumas
não estejam tão maduras;
eu emaranho meus galhos
num único corpo, cada um
com sua forma distinta.
Como uma árvore,
você pode me ler
tanto de dentro pra fora,
– *inspira, expira* –
quanto de fora pra dentro,
– *expira, inspira* –
mas as folhas e as flores
os galhos e os bichos,
a terra e as cores
as raízes e o corpo,
assim permanecemos.

*Parte 2*

—

# Morada

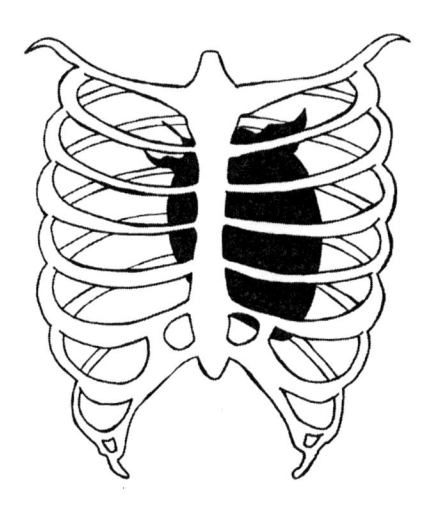

# Prólogo

O corpo
é também
um caminho
a ser percorrido.

**Voz**

Eu peço
pelo excesso
de cuidado:
cuidado ao falar,
cuidado ao reclamar,
cuidado ao cuidar.
Todo o cuidado
tomado me faz pensar
se no ato de cuidar
eu me descuido.
Cuidado ao andar,
cuidado ao trabalhar,
cuidado ao gritar,
mas não aqui:
aqui não é lugar
de medir palavras.

# Mãos

Se minhas mãos
falassem no lugar
da minha boca,
elas não cometeriam os
mesmos deslizes que
perpassam meus lábios.
Elas não vacilam;
as minhas mãos,
diferente deles,
não hesitam em gritar.

## Pele

Talvez o exterior
(não a Europa, mas o
lado externo mesmo,
aquele a meu redor,
visível e imutável)
me seja mais caro
por não demandar
olhar para dentro
(e abrir aquela porta
que sempre emperra).

Reflexo

Olho
os seus cabelos
e o aroma que deles emana
me enjoa.
Olho
o avermelhado do sol
e o calor na sua pele
me incomoda.
Olho
uma foto antiga,
não há som, mas ela grita
e eu me calo.
Olho
tudo isso
pela tela do celular
e esqueço de me olhar no espelho:
os cacos do que restou de mim
machucam mais do que posso dimensionar.

**Olhos**

Lá fora, sol:
aqui dentro, só.

**Boca**

Eu
e minha incrível
habilidade
de estragar tudo
com poucas
palavras.

*ou*

Eu
e minha incrível
incapacidade
de falar
o que realmente
quero dizer.

**Língua**

Minha língua
roça o céu da tua boca
e ainda assim
nenhuma palavra
te atinge.

**A pergunta que não quer calar:**


Podem os nossos dedos
tocar a textura da língua
quando as palavras roçam o dente
e tropeçam na boca?

## Garganta

É triste ter fibras
e mais fibras em meu corpo
e todas elas se contorcerem
com um mero olhar ou
com palavras ou gestos incompreendidos,
depreendidos de tal forma
a nunca conterem a verdade,
a nunca serem o suficiente
para me convencer
de que sim, *está tudo bem*,
de que não, *não é o que você pensa*,
de que a insegurança em mim
não é o que há de mais certo
e seguro sobre o meu eu
ainda tão incerto e
tão mudo.

Lábios

Sempre tive medo
de perder minhas mãos.
São elas que gritam,
escrevem, dedilham,
cantam e contornam os
labirintos infinitos de laços
desmanchados, nós atados,
caminhos e desvios jamais
percorridos – nem imaginados –
por meus mudos lábios.

Paladar

As palavras, às vezes,
se perdem dentro da boca.
Há dentes e fissuras e aftas
e língua e saliva e sabores
e sílabas e concordâncias e errâncias.
As palavras tentam transmitir
o que o coração tenta decifrar.
Elas compõem um esforço
imenso de traduzir o que a boca
falha em falar. Eu conto com as
minhas mãos – a ponta dos meus dedos
não queima como a minha língua
ao ingerir o veneno criado pela minha boca.

## Músculo

Fazer a palavra respirar,
ainda que sem
inspiração.

## Entranhas

Não sei sobre o que
um poema deve ser.
Qual assunto é relevante
para as palavras?
Talvez o poema deva
conter o que a boca
por si só não sabe exprimir.
A boca quando abre
fala demais, fala por falar,
fala sem saber o que está
falando. Não sei qual o
objetivo do poema, nem a
metodologia utilizada pelas
palavras, mas o resultado
quase sempre é o mesmo:
o poema vomita o que o corpo
não consegue mais digerir.

Esqueleto

O corpo
de dia
não é o mesmo
sob a lua:
as células pensantes
se agitam em ondas
e se quebram
no quebra-mar.
É escuro, e ser corpo
é estar na beira do muro
e o mar te engolir,
desanuviando,
libertando a carne,
dissolvendo
na queda infinita
pela terra que te toca,
pelo céu que te dissipa.

## Tatuagem

Há resquícios
em minha pele
de medos impensados.
Tintas impregnadas,
palavras estagnadas,
que me corroem por dentro.
Haverá um tempo
em que minha carne
será o bastante?

**Derme**

Como num eclipse,
descobre
devagar
a minha pele,
adentrando
camada
por
camada,
e cobre
com a luz
do seu dia
a minha noite,
acoberta
a carne,
os ossos,
escama
por
escama
de nossos corpos.

**Epílogo**

O livro
é também
um corpo habitado.

*Parte 3*
—
# Querido diário

*Querido diário,*

Algo foi tirado de dentro de mim.

[e a lacuna que restou,
palavra alguma poderá preencher.]

## Ingenuidade

Tão criança,
pobrezinha.
Poderia ela saber
o que (~~raios~~) estava fazendo
ao deixá-lo ler
o que estava escrito
em sua alma?

## Dedilhado

O caderno velho contém confissões
nunca reveladas a ninguém. Nem
na terapia eu falava (expressamente) sobre
essas coisas. Eu falava (quase sempre)
da minha solidão, dos meus medos e
receios incabíveis, dos meus traumas
mais assustadores (estes, de fato, nunca
revelados, nem no papel), ou dos anseios
que a minha ansiedade nunca me permitiria
realizar (minha ansiedade beira a insanidade).
O caderno velho, *also known as* "Querido diário",
era o único que realmente me conhecia:
as palavras sempre escaparam de
minhas mãos, dos rascunhos interminados
aos relatos germinados pelos meus dedos,
a flor no meio do meu asfalto.
Meus dedos, mesmo antes de eu saber,
sempre foram meus mais fiéis companheiros.

## Incógnita (ou Resposta ao poema "Pele")

Na verdade, o exterior
também me assusta.
Tudo aquilo que não controlo
me assusta a ponto de me controlar.

## Catálogo

Queria saber dicionarizar
todo sentimento sem sentido:
o sentimento do nunca vivido,
o sentimento reproduzido em foto,
o sentimento imaginado de um fato
ocorrido há tanto e tanto
tempo – vivido ou não,
o imagino com tal vivacidade
que o sentimento sem sentido
me invade, e eu escorrego num
saco sem fundo e findo sem saber
se queria saber como catalogar
todas as palavras que engasgam
no fundo da minha garganta.

## Prazo de validade

"Isso vai acabar", ela diz,
e eu me convenço
devagar
         dia após dia
(di)vagando
         de hora em hora.
"Isso tem um prazo para
acabar", ela reforça, e
eu me esforço
         a acreditar.
IIIII I I IIII II IIII II IIIII I II
Nosso código de barras
também registrou
um prazo para acabar?

**Resposta ao poema "Dedilhado":**

Devo acrescentar: *minha
insegurança beira a insanidade*
mais do que a ansiedade pode falar.

**É difícil ser mulher, ponto.**

"É difícil ser uma mulher confiante",
disse a comediante;
não havia comédia alguma ali.

Tradutor automático

Eu queria um dicionário
que traduzisse o inefável
ao tocar as superfícies
supérfluas na busca do porquê
– meu Deus, por quê? – eu
*pensar, pensar, pensar*
e nunca conseguir
*confiar, confiar, confiar*
em mim mesma.

## O que diriam as palavras?

Não contamos toda a verdade
na sessão de terapia.
Não contamos a vergonha de
sentir as coisas: eu, por exemplo,
nunca falo dos meus ciúmes
(~~eu sinto ciúmes de coisas impensadas~~).
Tenho ciúmes de pessoas, palavras,
cores, gestos, corpos, ou apenas
das cartas nunca endereçadas a mim.
Sinto ciúmes de um tempo
que se foi sem eu nunca tê-lo
tocado (~~eu avisei que tenho ciúmes impensados~~).
Se as palavras pudessem
falar, o que elas diriam
sobre um poema sobre
não falar sobre ciúmes na
terapia e sobre querer
tocar um tempo onde
eu sequer existia?

Teoria e prática

A beleza de outra mulher
não deveria me amedrontar
a ponto de eu me anular por completo
(mas, até aí, fazer também deveria
ser tão fácil quanto falar).

**Remoto**

O falso controle
de ter o controle
me escapa pelas
mãos – quando penso
tê-lo contido, pisco e
ele escorre e percorre
os caminhos mais
obscuros do meu corpo:
eu, mulher,
eu, criança,
eu, menina,
encolhida
no colo do útero,
casulo minúsculo,
baixo,
bem lá embaixo,
vai se esgueirando
a criança que fui e
a mulher que ainda
quero ser, dar à luz,
ver nascer e
ter o controle
do falso controle
de ter o controle.

Poema para Ana Elisa Ribeiro

Também me pergunto
qual o mecanismo necessário
para escrever um poema.

Me pergunto ainda
de que forma a fotografia
exprime aquilo que engasga na palavra.

Ou são as imagens que, na verdade,
nos fazem engasgar aquilo que
não admitimos revelar?

(O poema sobre a foto antiga e
o sentimento de outrora no ápice
do agora – nunca me identifiquei tanto
com um poema sobre uma foto
num livro com poemas sobre fotos.)

### Caneca do café da manhã (ou Ode a um tempo que nunca mais retornará)

Verde e vermelha
a cinco reais
num mercado
na praia
em janeiro
anos atrás.
Corpo
de porcelana
preenchido,
um poço
que abraça a alma
e envolve o mar
dentro de mim.

Resolução de ano novo:


remendar partes
da minha alma
que os outros
despedaçaram.

**Ferida**

Talvez
esta dor
seja do tipo
que não se cura
com drogas
(de nenhum gênero).

Como tocar o tempo – um manual

1. Abra a gaveta da escrivaninha.
2. Ignore a bagunça.
3. Estenda a mão pelo fundo da gaveta e pegue o diário
[empoeirado.
4. Percorra as páginas do diário e, aleatoriamente, escolha
[uma para ler.
5. Tenha uma boa lei(tor)tura!

*ou*

1. Abra o gabinete do banheiro à procura do fio dental.
2. Procure bem antes de desistir.
3. Encontre, sem querer, uma carta endereçada ao seu
[namorado.
4. Repare que a letra não é sua.
5. Feche o gabinete do banheiro.

# índice

*Agradecimentos* .................................................................................. 8

*Parte 1*
**Prelúdio** ............................................................................................ 15

Prelúdio ............................................................................................... 17
Quem arrancou as flores primeiro, que atire a primeira pedra ............... 18
Ressaca ................................................................................................ 19
Quase dez anos depois: ........................................................................ 20
Perda ................................................................................................... 21
Perda (parte 2) ..................................................................................... 22
Mudança ............................................................................................. 23
Tradução ............................................................................................. 24
Lacunas ............................................................................................... 25
Cinzas ................................................................................................. 26
Deve ser um buraco no teto ................................................................. 27
Raízes .................................................................................................. 28

*Parte 2*
**Morada** ............................................................................................ 29

Prólogo ............................................................................................... 31
Voz ..................................................................................................... 32
Mãos ................................................................................................... 33
Pele ..................................................................................................... 34
Reflexo ............................................................................................... 35
Olhos .................................................................................................. 36
Boca .................................................................................................... 37
Língua ................................................................................................. 38
A pergunta que não quer calar: ............................................................ 39
Garganta ............................................................................................. 40
Lábios ................................................................................................. 41
Paladar ................................................................................................ 42

Músculo .................................................................................................. 43
Entranhas ............................................................................................. 44
Esqueleto .............................................................................................. 45
Tatuagem .............................................................................................. 46
Derme ................................................................................................... 47
Epílogo .................................................................................................. 48

*Parte 3*
**Querido diário** ................................................................................... 49

*Querido diário,* .................................................................................... 51
Ingenuidade ......................................................................................... 52
Dedilhado ............................................................................................ 53
Incógnita (ou Resposta ao poema "Pele") ........................................... 54
Catálogo ............................................................................................... 55
Prazo de validade ................................................................................ 56
Resposta ao poema "Dedilhado": ......................................................... 57
É difícil ser mulher, ponto. ................................................................. 58
Tradutor automático ........................................................................... 59
O que diriam as palavras? .................................................................. 60
Teoria e prática .................................................................................... 61
Remoto ................................................................................................. 62
Poema para Ana Elisa Ribeiro ............................................................ 63
Caneca do café da manhã
   (ou Ode a um tempo que nunca mais retornará) ............................ 64
Resolução de ano novo: ...................................................................... 65
Ferida ................................................................................................... 66
Como tocar o tempo – um manual ..................................................... 67

COLEÇÃO POESIA ORIGINAL

| | |
|---:|:---|
| Quadripartida | PATRÍCIA PINHEIRO |
| couraça | DIRCEU VILLA |
| Casca fina Casca grossa | LILIAN ESCOREL |
| Cartografia do abismo | RONALDO CAGIANO |
| Tangente do cobre | ALEXANDRE PILATI |
| Acontece no corpo | DANIELA ATHUIL |
| Quadripartida (2ª ed.) | PATRÍCIA PINHEIRO |
| na carcaça da cigarra | TATIANA ESKENAZI |
| asfalto | DIANA JUNKES |
| Na extrema curva | JOSÉ EDUARDO MENDONÇA |
| ciência nova | DIRCEU VILLA |
| eu falo | ALICE QUEIROZ |
| sob o sono dos séculos | KETNER SGUASSÁBIA |
| Travessia por | FADUL M. |
| Tópicos para colóquios íntimos | SIDNEI XAVIER DOS SANTOS |
| Caminhos de argila | MÁRCIO AHIMSA |

© 2022 Camila Paixão
Todos os direitos desta edição reservados à Laranja Original.

www.laranjaoriginal.com.br

| | |
|---|---|
| *Edição* | Filipe Moreau |
| *Projeto gráfico* | Marcelo Girard |
| *Revisão* | Thais Rocha |
| *Ilustrações* | Batata Sem Umbigo |
| *Produção executiva* | Bruna Lima |
| *Diagramação* | IMG3 |

Dados Internacionais de Catalogação na Publicação (CIP)
(Câmara Brasileira do Livro, SP, Brasil)

Paixão, Camila
  Deve ser um buraco no teto / Camila Paixão. –
1. ed. – São Paulo : Editora Laranja Original,
2022. – (Coleção poesia original)

ISBN 978-65-86042-59-7

1. Poesia brasileira I. Título. II. Série.

22-132044                                    CDD-B869.1

Índices para catálogo sistemático:
1. Poesia : Literatura brasileira B869.1
Cibele Maria Dias - Bibliotecária - CRB-8/9427

Laranja Original Editora e Produtora Eireli
Rua Capote Valente, 1198
05409-003 São Paulo SP
Tel. 11 3062-3040
contato@laranjaoriginal.com.br

*Papel* Pólen Bold 90 g/m² / *Impressão* Psi7 / *Tiragem* 200 exemplares